Michael Wolf

Geo Social Business

Eine Möglichkeit der streuverlustfreien Zielgruppenansprache

Bachelor + Master
Publishing

Wolf, Michael: Geo Social Business: Eine Möglichkeit der streuverlustfreien Zielgruppenansprache, Hamburg, Diplomica Verlag GmbH 2012
Originaltitel der Abschlussarbeit: Geo Social Business

ISBN: 978-3-86341-194-7
Druck: Bachelor + Master Publishing, ein Imprint der Diplomica® Verlag GmbH, Hamburg, 2012
Zugl. Bayerische Julius-Maximilians-Universität Würzburg, Würzburg, Deutschland, Bachelorarbeit, Januar 2011

Bibliografische Information der Deutschen Nationalbibliothek:
Die Deutsche Nationalbibliothek verzeichnet diese Publikation in der Deutschen Nationalbibliografie;
detaillierte bibliografische Daten sind im Internet über http://dnb.d-nb.de abrufbar.

Die digitale Ausgabe (eBook-Ausgabe) dieses Titels trägt die ISBN 978-3-86341-694-2 und kann über den Handel oder den Verlag bezogen werden.

Dieses Werk ist urheberrechtlich geschützt. Die dadurch begründeten Rechte, insbesondere die der Übersetzung, des Nachdrucks, des Vortrags, der Entnahme von Abbildungen und Tabellen, der Funksendung, der Mikroverfilmung oder der Vervielfältigung auf anderen Wegen und der Speicherung in Datenverarbeitungsanlagen, bleiben, auch bei nur auszugsweiser Verwertung, vorbehalten. Eine Vervielfältigung dieses Werkes oder von Teilen dieses Werkes ist auch im Einzelfall nur in den Grenzen der gesetzlichen Bestimmungen des Urheberrechtsgesetzes der Bundesrepublik Deutschland in der jeweils geltenden Fassung zulässig. Sie ist grundsätzlich vergütungspflichtig. Zuwiderhandlungen unterliegen den Strafbestimmungen des Urheberrechtes.

Die Wiedergabe von Gebrauchsnamen, Handelsnamen, Warenbezeichnungen usw. in diesem Werk berechtigt auch ohne besondere Kennzeichnung nicht zu der Annahme, dass solche Namen im Sinne der Warenzeichen- und Markenschutz-Gesetzgebung als frei zu betrachten wären und daher von jedermann benutzt werden dürften.

Die Informationen in diesem Werk wurden mit Sorgfalt erarbeitet. Dennoch können Fehler nicht vollständig ausgeschlossen werden, und die Diplomarbeiten Agentur, die Autoren oder Übersetzer übernehmen keine juristische Verantwortung oder irgendeine Haftung für evtl. verbliebene fehlerhafte Angaben und deren Folgen.

© Bachelor + Master Publishing, ein Imprint der Diplomica® Verlag GmbH
http://www.diplom.de, Hamburg 2012
Printed in Germany

Inhaltsverzeichnis

Inhaltsverzeichnis V

1 Grundlagen des Web 2.0 5
    1.1 Definitionen 5
        1.1.1 Web 2.0 5
        1.1.2 Social Networks 6
        1.1.3 Mobile Endgeräte 7
        1.1.4 Mobile Business 7
        1.1.5 Lokalisierungsverfahren 8
        1.1.6 Geo Marketing 8
        1.1.7 Geo Social Business 9
    1.2 Zahlen und Fakten 9
        1.2.1 Social Networks 10
        1.2.2 Smartphones 10
        1.2.3 Mobile Business 11
    1.3 Aufgabenstellung 11

2 Der Weg zum Geo Social Business 12
    2.1 eBusiness 12
    2.2 Mobile Business 12
    2.3 Social Media 13
    2.4 Social Media Marketing 14
    2.5 Geotagging Dienste 15
    2.6 Geo Social Networks 15

3 Ansätze für Geo Social Business 17
    3.1 Geo Social Marketing 18
        3.1.1 Push/Pull und Permission Marketing 18
        3.1.2 Gutscheinsysteme 19
            Praktische Beispiele von existierenden Gutscheinsystemen 20
        3.1.3 Personalisierte Werbung 21
        3.1.4 Spiele 22
            Praktisches Beispiel von Jimmy Choo 23
    3.2 Business to Business 23

4 Vorteile des Geo Social Business 25
    4.1 Unternehmensvorteile 25
        4.1.1 Effektivere Budgetverwertung 25

	4.1.2	Kundenakquise	26
	4.1.3	Kundenbindung	26
	4.1.4	Nischenprodukte	27
	4.1.5	Regionale Unternehmen	28

4.2 *Verbrauchervorteile* 29
    4.2.1 Nützliche Werbung 29
    4.2.2 Zeitersparnis 30
    4.2.3 Unterhaltung 30
    4.2.4 Rabatte 30

5 Probleme des Geo Social Business 32
5.1 *Kundenakzeptanz* 32
5.2 *Datenschutz* 32
    5.2.1 Persönlichkeitsprofile 33
    5.2.2 Stalking 34
5.3 *Geo Spam* 34
5.4 *Zielgruppe* 35

6 Die Zukunft mit Geo Social Business 37
6.1 *Channel-Hopping* 37
6.2 *GALILEO* 37
6.3 *Augmented Reality* 38
6.4 *Internet der Dinge* 39
6.5 *Semantic Web* 40

7 Management Summary 41

Quellenverzeichnis 43

1 Grundlagen des Web 2.0

Am dritten Januar diesen Jahres kaufte die amerikanische Bank Goldman Sachs einen Anteil an dem Social Network Facebook, wodurch dessen Wert auf 50 Milliarden Dollar anwuchs. Facebook ist damit der dritt größte Web-Konzern in den USA und muss sich nur Google und Amazon geschlagen geben. Bei einem Blick auf die Besucherstatistiken führt Facebook diese sogar an und hat über ein Prozent mehr Seitenaufrufe wie die Suchmaschine Google [FAZN11; FINA11a; FINA11b]. Dies macht deutlich wie wichtig Social Media und insbesondere Social Networks in der heutigen Zeit geworden sind. Im Bezug auf die Nutzungsmöglichkeiten gibt es jedoch noch viel Platz für Neuerungen und große Wachstumsmöglichkeiten.

1.1 Definitionen

Zu Beginn der Arbeit erfolgt eine Klärung der wichtigsten in dieser Arbeit verwendeten Begriffe. Durch diese Definitionen soll eine einheitliche Wissensbasis in diesem noch sehr jungen Themengebiet geschaffen werden, um Missverständnisse erst gar nicht entstehen zu lassen.

1.1.1 Web 2.0

Der Begriff des Web 2.0 an sich wurde von dem Verleger Tim O'Reilly im Jahr 2004 geprägt. Auch wenn es den Begriff schon seit nunmehr sieben Jahren gibt, hat sich keine einheitlich akzeptierte Definition durchgesetzt, aktuell findet die Suchmaschine Google über 405 Millionen Einträge zu diesem Begriff [GOOG10a]. Dies liegt unter anderem auch daran, dass die Abgrenzungen zwischen dem Web 1.0 und Web 2.0 teilweise nicht genau differenziert sind. Nach O'Reilly gibt es zudem keine genaue Begrenzung für den Begriff Web 2.0, da es sich vielmehr um eine Bündelung verschiedener Prinzipien und Praktiken handelt [OREIL05].

Zu diesen Prinzipien gehört als erstes „The Web as Platform" [OREIL05]. Die Grundidee dahinter ist die Entwicklung des Web weg von einer Anhäufung vieler unterschiedlicher Webauftritte, hin zu einer Plattform. Während bei Web 1.0 der

Großteil der Software auf den lokalen Rechnern selbst lief, wird nun immer mehr Software in Webanwendungen integriert.

Ein weiteres wichtiges Prinzip ist „Harnessing Collective Intelligence" [OREIL 05], was soviel bedeutet wie die Nutzbarmachung der kollektiven Intelligenz. Häufig wird in diesem Zusammenhang auch von „User generated Content" [HÄUS07, S. 21] gesprochen. Viele der bekanntesten Internetseiten setzten inzwischen auf die Nutzerbeteiligung bei Generierung ihrer Inhalte. Die Nutzerbeteiligung kann dabei auf unterschiedliche Arten erfolgen, von der aktiven Mithilfe bei der Programmierung von Open-Source Produkten, über die Erstellung eines Lexikon rein durch das Wissen der Nutzer wie bei Wikipedia, oder aber der Möglichkeit Produkte zu bewerten und alternative Vorschläge wie etwa bei Amazon. Die aktive Mitarbeit der Nutzer ist bei all diesen Seiten einer der wichtigsten Schlüssel zu ihrer jeweiligen Marktdominanz [HETT10, S. 6f.].

Ebenfalls wichtig ist die Nutzung verschiedener Anwendungen über die Grenzen einzelner Geräte hinaus. Gerade um mobilen Endgeräten den Zugang zu Webanwendungen zu ermöglichen. Durch die immer größer werdende Zahl an unterschiedlichen Gerätetypen, welche in die Entwicklung neuer Anwendungen eingebunden werden können, ergeben sich auch immer neue Funktionsmöglichkeiten solcher Anwendungen [OREIL05].

1.1.2 Social Networks

Social Networks gibt es in vielen verschiedenen Formen, nicht ausschließlich Online. In dieser Arbeit bezieht sich der Begriff jedoch auf sogenannte *social networking sites or platforms* im Internet. Solche Social Networking Plattformen im Internet helfen bei dem Aufbau und der Pflege von Netzwerken sowohl beruflicher als auch privater Natur. Die Plattformen im Internet erlauben das Erstellen von mehr oder weniger öffentlich zugänglichen persönlichen Profilen, um sich mit anderen Personen mit ähnlichen Interessen oder Ansichten zu vernetzen [DONA07]. Den Durchbruch erlebten Social Networks im Zuge der Entstehung des Web 2.0 [BOYD07]. Inzwischen verzeichnet die am meisten verbreitete Networking Plattform über 500 Millionen aktive Nutzer (Nutzer die mindestens alle 30 Tage einmal die Seite besuchen). Außerdem besuchen 50% der Nutzer Facebook sogar täglich [FACE10].

1.1.3 Mobile Endgeräte

Generell kann jede Art von portablem elektronischem Gerät, wie MP3-Player, Handys, Laptops oder auch Navigationsgeräte, als mobiles Endgerät bezeichnet werden, diese müssen nicht einmal zwangsweise drahtlos kommunizieren können [KIZI09]. Weiterhin werden als mobile Endgeräte jedoch nur noch Geräte bezeichnet, die über drahtlose Kommunikation verfügen, außerdem ohne große Mühe bei sich getragen werden können, jederzeit und überall empfangsbereit sind und zusätzlich noch die Möglichkeit zur Standortbestimmung mittels GPS oder Cell-of-Origin Verfahren, siehe dazu Kapitel 1.1.5, besitzen. Ein zusätzlicher Vorteil von Smartphones im Bereich der mobilen Endgeräte ist der Umstand, dass diese sich mittels der SIM-Karte eindeutig einem Benutzer zuordnen lassen, während andere mobile Endgeräte zwar auch identifiziert werden können, eine Zuordnung zu einer bestimmten Person allerdings nicht zwangsweise möglich ist [LEHN02, S. 19f.].

1.1.4 Mobile Business

Mobile Business kann als eine Erweiterung des klassischen Electronic Business (eBusiness) in Bezug auf mobile Endgeräte betrachtet werden. Man kann Mobile Business also wie bereits das eBusiness als geschäftliche Kommunikation zwischen Personen und / oder Unternehmen sehen, wobei Transaktionen finanzieller Art nicht zwingenderweise stattfinden müssen, jedoch auch nicht ausgeschlossen sind. Zusätzlich zu der zumindest einseitigen mobilen Abwicklung im Mobile Business kommen noch einzigartige Dienste, wie orts- oder situations-abhängige Inhalte die mit den mobilen Endgeräten konsumiert werden können, jedoch nicht mehr zum Bereich des eBusiness gehören. Umgekehrt gibt es auch noch vereinzelt Dienste des eBusiness, die noch nicht im Mobile Business enthalten sind, wie zum Beispiel Forschungs- und Entwicklungsaktivitäten [BUSE08, S. 31f.]. Diese Dienste werden jedoch durch die immer höhere Leistungsfähigkeit der mobilen Endgeräte zumindest technisch immer mehr reduziert.

1.1.5 Lokalisierungsverfahren

Im Bereich der Positionsermittlung kann derzeit in zwei verschiedene Methoden unterschieden werden.

Einerseits das netzwerkbasierte Lokalisierungsverfahren, das sich einer Grundfunktion des Mobilfunknetzes bedient, dem Cell-of-Origin Verfahrens. Jedes Mobilfunknetz ist in je nach Beanspruchung unterschiedlich große Funkzellen aufgeteilt, die sich eindeutig identifizieren lassen. Anhand der aktuellen Funkzelle eines Mobilen Endgerätes kann seine ungefähre Position bestimmt werden. Je nach Größe der Funkzelle ist so eine Positionsbestimmung mit einer Genauigkeit von bis zu 150 Metern zu erreichen. Mit Hilfe spezieller zusätzlich angewandter Verfahren kann sogar eine Genauigkeit von 50 Metern erreicht werden, jedoch nur in Gebieten mit einer entsprechend hohen Netzabdeckung.

Außerdem gibt es noch das terminalbasierte Lokalisierungsverfahren. Bei diesem Verfahren erfolgt die Positionsbestimmung über das Global Positioning System (GPS). Das System besteht aus 24 Satelliten in der Erdumlaufbahn, die Satelliten senden dauerhaft schwache Mikrowellen auf die Erde. GPS-fähige Geräte empfangen diese Mikrowellen und sobald sie Mikrowellen von vier verschiedenen Satelliten empfangen, ist es Ihnen möglich daraus Ihre aktuelle Position auf bis zu fünfzehn Meter genau zu errechnen. Unter zu Hilfenahme bestimmter Korrekturdaten ist sogar eine Genauigkeit von bis zu dreißig Zentimetern möglich. Trotz seiner Genauigkeit besitzt das terminalbasierte Verfahren jedoch eine gravierende Schwäche. Die von den Satelliten gesendeten Mikrowellen sind so schwach, dass Sie in Gebäuden oder dicht bebauten Gebieten nur sehr stark eingeschränkt zu empfangen sind. Da jedoch Signale von mindestens vier Satelliten empfangen werden müssen, ist in diesen Gebieten häufig eine längere Verzögerung von zum Teil mehreren Minuten in Kauf zu nehmen oder auch gar keine Berechnung der Position möglich [JAND 08].

1.1.6 Geo Marketing

Die Idee des Geo Marketing entstand bereits Ende der 70er Jahre des letzten Jahrhunderts in den USA und geht auf die mikrogeographische Analyse zurück, deren Grundidee ist der sogenannte Nachbarschaftseffekt. Der Nachbarschaftseffekt besagt, dass Bewohner einer kleinen geographischen Einheit, wie zum Beispiel ein Wohnblock, Vorort oder ein Postleitzahlbezirk, einen ähnlichen sozialen Status und Lebensstil besitzen. Als Folge dessen gleicht sich auch das Kaufverhalten der

Bewohner eines Gebietes, während es sich zu Bewohnern anderer Gebiete unterscheidet. Die Entwicklung des Geo Marketing entstand aus dem Bestreben heraus, effizienter und zielgerichteter mit dem Kunden zu kommunizieren [KOTL95, S. 406f, 431f.].

Durch das Internet und auch durch Social Media bekommt das Geo Marketing nun einen neuen Schub und eine neue Richtung. Zum einen geben viele Personen gerade in Social Networks und anderen Web 2.0 Diensten immer mehr Informationen preis, die dann über den angegebenen Wohnort oder auch die IP-Adresse dem Geo Marketing hinzugefügt werden können und somit das Erstellen von genaueren Profilen erlauben. Auch können über das Internet Kampagnen leicht regionalspezifisch ausgestrahlt werden [SPIE10].

Auch aus der Möglichkeit zur Ortung von mobilen Geräten ergeben sich neue Ansätze, durch das Sammeln und Auswerten von bewegungs-, sowie zeit- und personenabhängigen Daten, für das Geo Marketing [ZUNK10]. Einige dieser Ansätze und Ideen werden in Kapitel 3 dieser Arbeit noch näher beschrieben.

1.1.7 Geo Social Business

Das Geo Social Business an sich ist als eine Unterkategorie des Mobile Business zu sehen. Es verknüpft hierbei Elemente des Mobile Business mit Elementen von Social Networks und dem jeweils aktuellen Standort des Nutzers. Eingesetzt wird das Geo Social Business von Unternehmen vor allem wegen seiner nahezu streuverlustfreien Zielgruppenansprache. Kampagnen, die der Kundenbindung und der Gewinnung neuer Kunden dienen, sind mit Hilfe dieser zielgenauen Ansprache von Kunden für Unternehmen sehr effektiv umsetzbar.

1.2 Zahlen und Fakten

Wie viel theoretisches Potential in dem Bereich des Geo Social Business steckt, wird im folgenden Abschnitt mittels aktueller Zahlen in den zu kombinierenden Bereichen aufgezeigt.

1.2.1 Social Networks

Social Networks gehören zu den aufstrebendsten Entwicklungen der heutigen Zeit, weltweit sind Social Networks von immer wichtigerer Bedeutung. Seit 2005 ist in der von Google erstellten Statistik mit den am meisten wachsenden Suchbegriffen weltweit immer mindestens ein Social Network vertreten. 2010 ist Facebook in Deutschland nicht nur auf dem 7. Rang der am stärksten wachsenden Suchbegriffe, sondern gleichzeitig auch auf Platz 1 der am häufigsten gesuchten Begriffe [GOOG10b].

Alleine das größte Social Network (Facebook) kommt inzwischen auf über 500 Millionen Benutzer, dies entspricht ca. 13% der aktuellen Weltbevölkerung von 6,9 Milliarden Menschen, welche die Seite mindestens einmal im Monat abrufen. Außerdem gibt es ca. 250 Millionen Benutzer, die die Seite sogar täglich besuchen. Bereits über 200 Millionen Benutzer nutzen Facebook regelmäßig von einem mobilen Endgerät aus. Im Durchschnitt kreiert jede Person bei Facebook um die 90 Einträge jeglicher Art pro Monat und ist pro Tag ungefähr eine drei-viertel Stunde auf Facebook unterwegs [FACE10].

1.2.2 Smartphones

Auch die Verbreitung und immer stärkere Nutzung von Smartphones und generell internetfähigen Endgeräten sind ein starker Katalysator von Geo Social Business. Dieses Jahr sind in Deutschland ca. 69% der Bevölkerung mit einem internetfähigem Handy ausgerüstet, allerdings nutzen nur 17% davon auch das mobile Internet.

Die vergleichsweise geringe Nutzung lässt sich vor allem durch die Besitzer internetfähiger Handys, die noch keine Funktionen eines Smartphones besitzen, erklären, da gerade einmal 16% dieser Gruppe mobiles Internet benutzt. Diese Gruppe stellt mit ca. 50% aber noch die Mehrheit. Smartphone Besitzer nutzen das mobile Internet zu über 50%.

43% der Nutzer von mobilen Internetdiensten allerdings nutzen diese Dienste dafür bereits täglich. Während die Zahl der internetfähigen Handys und der Nutzer von mobilem Internet im Vergleich zum Vorjahr nahezu konstant bleibt, ist der Anteil der Smartphones unter den internetfähigen Handys um 7% Punkte zum Vorjahr gestiegen [ACCE10].

Die momentane Zielgruppe für Geo Social Business, die sowohl mobiles Internet nutzen, als auch ein Profil bei einem Social Network im Web 2.0 haben, liegt Hochrechnungen zufolge bei gerade einmal 2,69 Millionen was 3,8% der deutschen Bevölkerung über 14 Jahren entspricht [AXEL10].

1.2.3 Mobile Business

Mobile Business ist derzeit auf einem aufstrebenden Ast. So kaufen einer Studie zufolge bereits 56% der Smartphone Besitzer regelmäßig mobil auf ihrem Smartphone ein. 80% der Smartphone Besitzer besorgen sich regelmäßig auf selbigen aktuelle Informationen über Produkte oder Dienstleistungen und 43% kaufen ihre Tickets oder Fahrkarten bereits mobil [DENK10]. Einer anderen Studie von Rio Mobile zufolge wird bereits bis in zwei Jahren jeder fünfte Euro des eCommerce über das mobile Internet abgewickelt. Weiterhin gaben 63% der Befragten an, dass sie damit rechnen binnen der nächsten zwei Jahre die für sie relevante Zielgruppe effektiv über das mobile Internet erreichen zu können [RIOM10].

Das Internetversandhaus Amazon erreichte eigenen Angaben zufolge bereits 2009 einen weltweiten Umsatz von über einer Milliarde US Dollar alleine durch Bestellungen von mobilen Endgeräten [WONH10].

1.3 Aufgabenstellung

Ziel dieser Arbeit wird es sein, sowohl bereits bestehende als auch mögliche neue Anwendungsmethoden im Bereich des hier eingeführten Geo Social Business für unterschiedliche Unternehmen herauszuarbeiten. Außerdem gilt es die unterschiedlichen Vorteile sowie Probleme, die sich sowohl für Unter-nehmen als auch für Verbraucher ergeben, zu identifizieren.

2 Der Weg zum Geo Social Business

Bevor überhaupt die Idee aufkam, dass Geo Social Business technisch und soziokulturell überhaupt möglich ist und es auch rentabel sein könnte, mussten zuerst einige Grundsteine technischer und mentaler Natur gelegt werden.

2.1 eBusiness

Ein wichtiges Ziel im Bereich des eBusiness ist die Einsparungen von Kosten. Erreicht wird dies über eine Verringerung des Aufwandes bei der Bearbeitung von Prozessen. Für die Anwendung des Geo Social Business sind dabei vor allem die immer weiter fortschreitende Digitalisierung und die automatisierte Bearbeitung von Prozessen entscheidend, denn jede dieser Technologien wird zwingenderweise für die Umsetzung von Geo Social Business Ideen benötigt [THOM 02]. Ein ebenfalls sehr wichtiger Aspekt des eBusiness für das hier behandelte Thema ist die Integration und Verknüpfung der verschiedenen Objekte untereinander, um so Informationen automatisch verarbeiten und gezielt auf die Zielperson abstimmen zu können [THOM06, S. 73f.].

2.2 Mobile Business

Auch das Mobile Business war ein großer Schritt in Richtung Geo Social Business, da jetzt erstmals Electronic Business Anwendungen orts- und zeit-unabhängig abgerufen werden konnten. So ist es beispielsweise möglich unterwegs oder direkt in einem Geschäft Preisabfragen und –vergleiche durchzuführen. Außerdem bieten sich nun auch gänzlich neue Anwendungsmöglichkeiten. Informationen können zeitnah versendet werden, der Nutzer ist immer und überall zu erreichen und es wird keine Vorlaufzeit wie beispielsweise an einem stationären PC benötigt. Die Identifikationsmöglichkeiten bei einem mobilen Endgerät sind gegenüber normalen Computern deutlich leichter zu erfassen, Handys werden in der Regel immer nur von einer Person regelmäßig benutzt und diese ist über die Sim-Karte identifizierbar. Computer werden nicht selten von verschiedenen Personen genutzt und können dadurch nicht so leicht einer bestimmten Person zugeordnet werden. So ergibt sich zum Beispiel eine bequeme Zahlungsmöglichkeit per Sim-Karte oder aber die Möglichkeit individueller Werbung ganz nach dem Modell des One-to-One-Marketings [BUSE02, S. 92f.].

2.3 Social Media

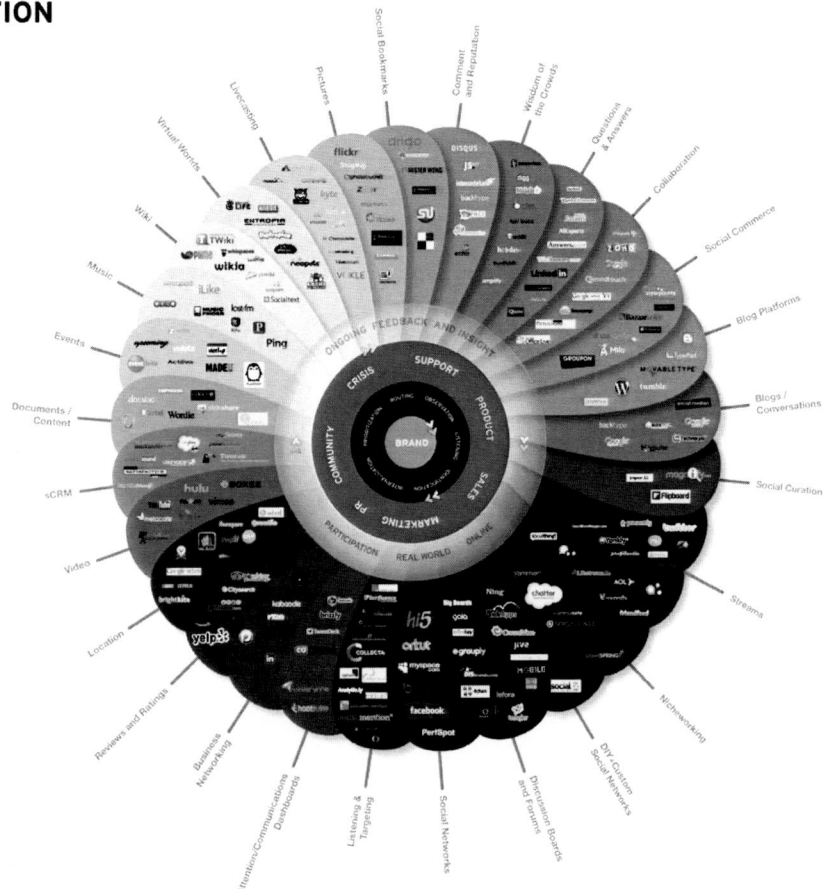

Abbildung 1: Conversation Prism [SOLI10].

Von Nutzern generierte Beiträge jeglicher Form, Interaktion zwischen den Nutzern und eine möglichst leichte Integration in andere Seiten, sind Merkmale für eine Social Media Seite. Im Gegensatz zu der bei Massenmedien wie Zeitungen, Fernsehen oder Radio zustandekommenden 1:n-Beziehung zwischen dem Erzeuger des Beitrags und den Nutzern, handelt es sich bei Social Media um eine n:n-Beziehung in der jeder seinen Beitrag leisten darf, angefangen bei den Medienunternehmen, bis hin zu einer einzelnen Privatperson. Dieser Grundgedanke macht eine Vielzahl verschiedener Seiten möglich. Die Vielfalt dieser Seiten unter dem Sammelbegriff

Social Media wird in Abbildung 1, dem Conversation Prism von Brian Solis deutlich.

Durch diese neue Art der Informationsweitergabe und Beschaffung hat sich die gesamte Struktur, Entscheidungen zu fällen, verändert [HETT10, S. 14f.].

2.4 Social Media Marketing

Die neue Art der Informationsbeschaffung schlägt sich auch in einer aktuellen „Digital Influence Index" Studie von Harris Interactive nieder.

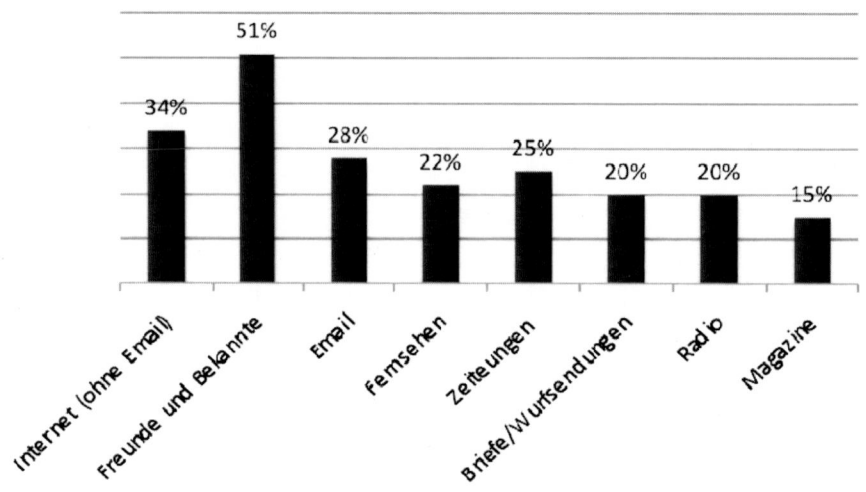

Abbildung 2: Informationsquellen bei Entscheidungen [HARRI10].

Wie Abbildung 2 sehr gut zeigt, ist das Internet, mit Ausnahme der Information durch Freunde und Bekannte, die inzwischen mit Abstand wichtigste Informationsquelle, vor allem wenn man Emails als eine Kombination von Internet und den Information durch Freunde und Bekannte einschließt. Im Gegensatz zu den Freunden und Bekannten, die ein Unternehmen nur indirekt beeinflussen kann, besteht im Internet die Möglichkeit zur aktiven Einflussnahme. Hier knüpft das Social Media Marketing an. Im Unterschied zu der klassischen Online-Werbung, bei der ein rückläufiger Trend zu beobachten ist, befasst sich das Social Media Marketing mit den Möglichkeiten die das Web 2.0 bietet [HETT10, S. 31f.]. Der Rückgang der klassischen Online-Werbung und das starke Wachstum von Social Media Marketing verwundern hinsichtlich der Ergebnisse der aktuellen Digital Influence Index Studie jedoch kaum. Im Bereich Urlaub und Freizeit lassen sich gerade einmal 10% der Befragten durch Online-Werbung beeinflussen. Während die Beeinflussung durch Kommentare anderer Nutzer bei 31% liegt. Die Beeinflussung durch Ergebnisse und Werbung in Suchmaschinen liegt sogar bei 46% [HARRI10].

2.5 Geotagging Dienste

Der Begriff Geotagging setzt sich aus den Begriffen Geo und Tagging zusammen. Das neudeutsche Wort Tagging bedeutet so viel wie markieren oder kennzeichnen. Unter Geotagging versteht man also das Markieren oder Kennzeichnen von Daten, wie zum Beispiel Bildern, mit geografischen Informationen wie dem Längen- und Breitengrad an dem das Bild entstanden ist [WIKI10]. Während Geotagging bei Bildern bereits recht geläufig ist, bieten neuere mobile Endgeräte auch die Möglichkeit sich selbst mit einem Geotag zu versehen. So kann man beispielsweise die eigene Joggingstrecke aufzeichnen und anschließend anhand der Geodaten Rückschlüsse ziehen, wie zum Beispiel die Länge der gelaufenen Strecke oder auch die Durchschnittsgeschwindigkeit. Um auf die Geschwindigkeit schließen zu können, muss man allerdings neben den Geodaten auch noch die aktuelle Uhrzeit in den Geotag mit aufnehmen. In Verbindung mit dem Web 2.0 können diese Daten dann auch Anderen zugänglich gemacht, beziehungsweise mit Anderen geteilt werden.

2.6 Geo Social Networks

Wie auch bei Social Networks geht es bei Geo Social Networks um das Knüpfen und Pflegen von Kontakten. Neben den üblichen Informationen wie Interessen, Wohnort oder Arbeitsplatz, spielt bei diesen Netzwerken der momentane Standort eine entscheidende Rolle. Es wird dadurch möglich die virtuelle soziale Identität mit der wirklichen Identitäten und dem aktuellen Standort zu verknüpfen. Aus diesem Grund sind Geo Social Networks auch inzwischen für den mobilen Gebrauch konzipiert und setzten somit mobile Endgeräte für die Nutzung des vollen Funktionsumfangs voraus.

Bei frühen Geo Social Networks (zum Beispiel Dodgeball), auch Mobile Social Networks genannt, erfolgte die Ortsbestimmung per Kurzmitteilung. Anderen

Nutzern wurde ebenfalls per Kurzmitteilung mitgeteilt, sobald sich Freunde in der Nähe anmeldeten [HUMP07]. Inzwischen nutzen Geo Social Networks die bei Mobiltelefonen integrierte automatische Ortung, sodass der Nutzer lediglich an einem gewünschten Ort an dem er sich befindet einchecken muss. Diese sogenannten Check Ins bilden wie auch schon bei den frühen Geo Social Networks das zentrale Instrument dieser Netzwerke, sind nun aber mit deutlich weniger Aufwand verbunden, als bei den Anfängen dieser Netzwerke. Auch benötigen Sie keine Kurzmitteilungen mehr um Benutzer auf den aktuellen Stand zu bringen. Sie setzen vielmehr auf eigene Applikationen mit grafischer Benutzeroberfläche für Smartphones. Wichtige Aktualisierungen von vernetzten Personen werden mittels Push-Diensten bei Wunsch direkt auf das Display gebracht. Ein gutes Beispiel für diese Art von Applikationen bietet foursquare, eines der größten reinen Geo Social Networks, mit seinen Umsetzungen für mobile Geräte [FOUR10].

3 Ansätze für Geo Social Business

Ansätze die versuchen Geo Social Networks oder aber eine Kombination aus Social Media mit Geodaten für kommerzielle Zwecke zu nutzen, werden in dieser Arbeit als Geo Social Business bezeichnet. Das Hauptaugenmerk wird dabei auf Verwendungen im Mobile Business gelegt, da in diesem Bereich der größte Mehrwert durch die Verwendung von Geodaten generiert wird. Geo Social Networks sind ebenfalls für die mobile Verwendung ausgelegt und können somit am besten im Mobile Business eingesetzt werden. Social Networks für kommerzielle Zwecke einzubinden, ermöglicht es gezielt Informationen der Kunden zu verwenden, um effizienter agieren zu können. In Tabelle 1 werden Informationen gezeigt, die bei Facebook gespeichert und an Dritte weitergegeben werden können.

Tabelle 1: Persönliche Profildaten in Facebook [FACE11].

Allgemeines	Persönliches	Werdegang	Adressdaten
Geschlecht	Religion	Schullaufbahn	Email-Adressen
Geburtsdatum	Politische Einstellung	Hochschule	IM-Profile
Heimatstadt	Vorbilder	Abschluss	Telefonnummern
Familienmitglieder	Lieblingsmusik	Arbeitgeber	Anschrift
Beziehungsstatus	Lieblingsfilme	Zeitraum	Webseiten
Interessiert an	Lieblingsbücher	Anstellung	
Auf der Suche nach	Interessen/Aktivitäten		
	Etc.		

Geo Social Business ist daher sehr stark auf Daten verschiedenster einzelner Unternehmen angewiesen, weshalb diese Unternehmen untereinander Kooperationen eingehen müssen, um diese Daten miteinander zu verbinden und dann den Kunden ein zufriedenstellendes Angebot zur Verfügung zu stellen [SCHÄ08, S. 19f.].

3.1 Geo Social Marketing

Durch die immer größer werdende Bedeutung von Sozialen Netzwerken sowie das starke Wachstum von Social Media Marketing bietet sich für das Geo Social Business in diesem Bereich ein breites Anwendungsspektrum. Gerade durch die Kombination von Geodaten mit Social Media Marketing ergibt sich mit dem Geo Social Marketing eine interessante Anwendungsmöglichkeit.

Geo Social Marketing wird hierbei, wie auch das mobile Marketing als Direktmarketinginstrument verwendet. Der Vorteil dieser Marketing Strategie ist die zielgerichtete und individuelle Ansprache der einzelnen Kunden, um somit eine direkte Reaktion der Kunden zu erzeugen [BUSE08, S. 444f.].

Um eine solche direkte Ansprache des Kunden zu ermöglichen, müssen entsprechende Vorraussetzungen erfüllt werden. Man muss den Kunden jederzeit an jedem Ort individuell ansprechen können, was durch die immer stärkere Verbreitung von Smartphones immer besser möglich wird. Außerdem muss dem Kunden die Möglichkeit zur Interaktion gegeben werden. Dies wird ebenfalls durch die stärkere Verbreitung von Smartphones begünstigt. Schließlich muss es dem werbetreibenden Unternehmen möglich sein, das Marketing individuell an Interessen und Gewohnheiten der Kunden anzupassen und somit die individuelle Ansprache überhaupt erst zu ermöglichen [BUSE08, S. 445f.]. Durch die Verknüpfungen des Marketings mit Sozialen Netzwerken ist es möglich, genaue Kundenprofile zu erstellen, womit auch das individuelle Anpassen des Marketings an den Kunden ermöglicht wird.

Einige Methoden für ein solches Geo Social Marketing werden hier nun genauer behandelt.

3.1.1 Push/Pull und Permission Marketing

Für die Ansätze des Geo Social Marketing gibt es zwei sich grundsätzlich unterscheidende Marketingansätze. Zum einen das Push-Marketing bei dieser Art des Marketings werden die Inhalte auf die mobilen Endgeräte, wie der Name schon andeutet, geschoben. Der Nutzer muss die Inhalte nicht jedes Mal erneut explizit anfragen, sondern bekommt neue Inhalte immer direkt auf sein mobiles Endgerät gesendet. Er muss lediglich einmal zu Beginn des Push-Dienstes sein Einverständnis geben, danach darf das Unternehmen selbstständig neue Informationen an den Nutzer schicken [BUSE08, S. 448f.]. Um den gesetzlichen Datenschutzbestimmungen genüge zu tun, ist die Einholung des Einverständnisses notwendig, somit erfüllt das Push-Marketing auch die Prinzipien des Permission Marketing. Dieses wurde 1999 eingeführt. Permission Marketing reagierte auf den Umstand, dass unerwünschte Werbung von Konsumenten als störend empfunden wird und als Folge daraus sogar zu negativen Effekten führen kann. Das Permission Marketing dämmt außerdem nicht nur den negativen Effekt von unerwünschter Werbung, sondern zusätzlich wird auch der Marketingetat zielbringender eingesetzt, da Streuverluste besser vermieden werden [KIZI09, S. 7].

Dem gegenüber steht das Pull-Marketing, hierbei muss der Nutzer, wie der Wortlaut schon andeutet, die Inhalte die er haben möchte selbstständig jedes Mal aufs Neue bei dem werbetreibenden Unternehmen anfordern. Durch die zwangsweise aktive Teilnahme am Pull-Marketing erreicht diese Methode zwar eine nicht so hohe Verbreitung wie bei Push-Diensten, jedoch kann bei den Nutzern von Pull-Diensten auf ein höheres Interesse an den Werbeinhalten geschlossen werden als bei den Empfängern von Push-Diensten [BUSE08, S. 448f.].

3.1.2 Gutscheinsysteme

Eine der möglichen Anwendungen für Push-Dienste sind Gutscheinsysteme, die dem Nutzer direkt auf seinem Smartphone zugänglich gemacht werden. Der Nutzer bekommt hierbei Aktionsgutscheine passend zu seinem momentanen Aufenthaltsort, beispielsweise kann ein Aktionsgutschein eines entsprechenden Unternehmens bei dessen Betreten direkt auf dem Display des Smartphones angezeigt werden [PEYM10]. Die Einbeziehung von bisherigen Käufen des Nutzers, seinen Interessen und Gewohnheiten hilft bei der Anpassung von individuellen Gutscheinen. Für den Nutzer uninteressante oder unerwünschte Gutscheine werden zurückgehalten, sodass der Konsument nur die Benachrichtigungen erhält, die für ihn auch einen Mehrwert versprechen.

Aber auch für die Verwendung von Pull-Diensten gibt es Möglichkeiten für die Anwendung von Gutscheinsysteme. Einige Unternehmen vor allem in den Vereinigten Staaten setzten Geo Social Networks bereits gezielt für die Verbreitung von Gutscheinen ein. Die Ausgabe des Gutscheins erfolgt hierbei meistens nach dem Check In in einem Geschäft.

Für die Ausgabe der Gutscheine lassen sich die Unternehmen immer wieder neue Ideen einfallen, um den Unterhaltungsfaktor bei ihren Nutzern anzutreiben oder aber Stammkunden zu belohnen [LANG10]. Ebenso denkbar sind Gutscheinsysteme, bei denen Kunden eine vordefinierte Anzahl an anderen Kunden zur Teilnahme animieren müssen, damit ein bestimmter Gutschein überhaupt zustande kommt. Beispiele für solche Gruppen Gutscheine gibt es bereits auf Online-Portalen wie Groupon.

Praktische Beispiele von existierenden Gutscheinsystemen

Die zur Zeit am meisten verbreiteten Anbieter von Gutscheinsystemen in Verbindung mit Geodaten, sind das Geo Social Network foursquare, sowie Facebook mit seiner Geo Social Network Komponente Places.

Foursquare bietet im Vergleich zu Facebook zwar eine deutlich geringere Nutzeranzahl, jedoch ist das Gutscheinsystem hier bereits schon außerhalb der Vereinigten Staaten aktiv. So bietet die „Financial Times" in London kostenlosen Prämienzugang zu ihrem Online-Angebot für Stammkunden bestimmter Cafes an. Ermittelt werden diese Stammkunden durch die Anzahl der Check Ins in den ausgewählten Cafes [KOLB10].

Starbucks USA wiederum spendiert dem Kunden mit der häufigsten Anzahl an Check Ins in einer Filiale, bei jedem erneuten Check In, einen Gutschein für einen Dollar Ermäßigung auf jeden Frappuccino, wie in Abbildung 3 anhand des Screen-Shots der IPhone Applikation von Foursquare auf der linken Seite zu sehen ist [LANG10]. McDonald's geht in den Vereinigten Staaten einen ähnlichen Weg. So gab es am 16.04.2010 eine Verlosung von 100 Burger Gutscheinen im Wert von bis zu zehn Dollar. Abbildung 3 zeigt auf der rechten Seite die Twitter Ankündigung des über Social Media erfolgten Aufrufes der Aktion. Jeder Kunde, der sich an diesem Tag in einer Filiale des Fastfoodkonzerns eincheckte, nahm automatisch an der Verlosung teil. McDonald's erreichte an besagtem Tag eine Steigerung der Laufkundschaft um 33% mit einem Budget von unter 1000 Dollar [KEAN10].

Abbildung 3: Foursquare Rabatte [FOUR10; MCDO10].

3.1.3 Personalisierte Werbung

Aber es müssen nicht immer Gutscheine sein, die mittels Push oder Pull Marketing an Kunden beim Betreten eines bestimmten Gebietes gesendet werden. Personalisierte Werbung bietet sich im Bereich des Geo Social Marketing ebenfalls an. Wie schon bei den Gutscheinsystemen sind im Bereich der personalisierten Werbung Push-Benachrichtigungen direkt auf das Display des Smartphones beim Passieren einer Filiale möglich. In Kombination mit bei sozialen Netzwerken hinterlegten Interessen und Gewohnheiten kann die Werbung individuell zugeschnitten werden, sodass der Kunde nur Werbung zu Produkten erhält, die ihn auch betreffen. Werbung, bei der Kunden direkt involviert werden und die rationale oder emotionale Reaktionen bei den Kunden hervorruft, ist deutlich effektiver wie neutrale Werbung [DENE10]. Durch die Verknüpfung der verschiedenen Informationsquellen kann bei Geo Social Marketing jeder Kunde persönlich angesprochen werden und durch Nutzung von Nutzerprofilen und Geodaten genau dann, wenn der Kunde am empfänglichsten dafür ist, also wenn er gerade einkaufen ist oder wenn er gerade eine Suche nach bestimmten Produkten durchgeführt hat.

Es bleibt im Bereich der personalisierten Werbung aber nicht bei Benachrichtigungen mittels push. Es ist ebenfalls möglich, personalisierte Werbung von den Kunden explizit anfordern zu lassen. Hierfür bieten sich verschiedene Möglichkeiten der Umsetzung solcher Pull-Benachrichtigungen. Werbung oder Informationen können beispielsweise mittels sogenannter QR-Codes verbreitet werden. QR-Codes sind zweidimensionale Barcodes, in denen Informationen wie Internetseiten oder Texte gespeichert werden können [SCHÄ08, S. 21]. Abbildung 4 zeigt einen beispielhaften QR-Code, der von jedem Smartphone mit Kamera gelesen werden kann, inklusive des in ihm enthaltenen Textes. Die Verwendung dieser Codes, ermöglicht es den Unternehmen die Kunden direkt am Eingang einer Filiale über entsprechende Aktionen oder Angebote zu informieren, indem sie auf eine entsprechende Internetseite verweisen oder Angebote und Aktionen direkt in den Code schreiben [LANG10].

Geo Social Business Thesis

Michael Wolf

Januar 2011

Lehrstuhl Professor Thome

Abbildung 4: QR-Code Beispiel.

3.1.4 Spiele

Der Erfolg der Gutscheinverlosung von McDonald's in den Vereinigten Staaten liefert bereits einen ersten Hinweis darauf, dass neue Arten der Vermarktung wie ein interaktives Gewinnspiel oder auch andere Arten von Spielen, die zu Marketingzwecken eingesetzt werden, eine neue Möglichkeit bieten, mit geringen Mitteln eine hohe Wirkung zu erzielen. Vor allem bietet sich hierbei die Kombination aus Wettbewerben und Gutscheinaktionen an. So spricht Four-square mit seinem Abzeichensystem gezielt die Sammelleidenschaft der Kunden an [LANG10]. Bisher haben diese Abzeichen zwar außer der Sammelkomponente keinen Nutzen, denkbar ist hier jedoch ein gezielter Einsatz für Gutscheine. So könnten beispielsweise Kunden, die Filialen in verschiedenen Städten oder Ländern besuchten, mit Gutscheinen belohnt werden. Ebenso sind virtuelle Wettrennen möglich, bei denen Kunden Hinweisen auf ihren Smart-phones nachgehen, um einen bestimmten Ort innerhalb einer Region zu erreichen. Die jeweils schnellsten Teilnehmern werden anschließend mit Preisen oder Gutscheinen belohnt.

Praktisches Beispiel von Jimmy Choo

Während das in 3.1.2 angesprochene Gewinnspiel eine erste Idee von den spielerischen Aktionsmöglichkeiten des Geo Social Marketing aufgezeigt hat, geht Jimmy Choo, eine bekannte Schumarke, noch einen deutlichen Schritt weiter in der spielerischen Komponente. Die in Abbildung 5 gezeigte Ausschreibung des Wettbewerbs war der erste Versuch von Jimmy Choo zur Nutzung von Geo Social Marketing. Bei der Aktion checkten sich Turnschuhe an verschiedenen bekannten Plätzen in London ein und wer sie als Erster entdeckte, erhielt ein Paar in seiner Größe umsonst.

Abbildung 5: Jimmy Choo Kampagne [CHOO10].

Die Kampagne war für den Hersteller ein großer Erfolg. Insgesamt nahmen ca. 4000 Personen aktiv an der Kampagne teil. Die positiven Kommentare über das Unternehmen auf Social Media Seiten nahmen um 40% zu. Zusätzlich erreichte das Unternehmen eine Umsatzsteigerung von 33% bei seiner aktuellen Turnschuhkollektion [LANG10].

3.2 Business to Business

Im Business to Business Bereich fasst der Bereich des mobile Business ebenfalls langsam, unbemerkt von der breiten Öffentlichkeit, Fuß. Chancen für das Geo Social Business bieten sich hier vor allem in der Beschaffung. So kann ein Handwerker, dem bei einem Auftrag ein paar Teile fehlen, sich direkt bei Baumärkten oder

Spezialgeschäften in der Nähe seine Standortes nach den fehlenden Teilen am Smartphone umsehen und diese dann reservieren. Oder aber defekte Maschinen senden einen Reparaturauftrag automatisch inklusive Fehlermeldung direkt auf das Smartphone des freien Technikers, der der Maschine am nächsten ist [BERG02, S. 88f.]. Aber auch zur Überprüfung oder für den Vergleich von Informationen oder Produkten eignet es sich und wird somit auch für Einkäufer ideal nutzbar.

4 Vorteile des Geo Social Business

Nachdem einige der möglichen Anwendungsgebiete nun besprochen wurden, werden im Folgenden die Vorteile von Geo Social Business sowohl für Konsumenten wie auch für Unternehmen erläutert.

4.1 Unternehmensvorteile

Um die 70% aller von Kunden getroffenen Kaufentscheidungen erfolgen aus spontanen Impulsen heraus und sind somit nicht von langer Hand geplant. Während klassische Werbemittel in den meisten Fällen darauf hoffen mussten, dass sich der Kunde während seines Einkaufes noch an bestimmte Produkte oder Geschäfte erinnert, bietet das Geo Social Business die Möglichkeit den Kunden genau in dem Moment des Einkaufens zu erreichen und dadurch gezielten Einfluss auf diese spontanen Kaufentscheidungen auszuüben [EISI09, S. 146f.].

4.1.1 Effektivere Budgetverwertung

Durch eine immer größer werdende Werbeflut, welche die Kunden durch die Massenmedien erreicht, wird es immer schwieriger Kunden eine Werbebotschaft zu vermitteln. Zudem verlangen Konsumenten immer mehr eine persönliche auf ihre Interessen ausgelegte Ansprache, die über die klassischen Werbekanäle nur schwer zu verwirklichen ist. Außerdem entstehen bei traditioneller Werbung automatisch hohe Streuverluste, diese müssen aber trotzdem mitbezahlt werden. Als Folge der Streuverluste sinkt die Effektivität, wodurch die Kosten zum Erreichen eines einzelnen Kunden steigen. Das Budget wird somit unnötig verschwendet [POUS08, S. 290].

Unter zu Hilfenahme von Targeting-Mechanismen lassen sich Streuverluste zwar nicht komplett vermeiden, jedoch können beim Geo Social Business wie auch schon beim Social Media Marketing Kunden gezielt ausgewählt werden, wodurch Streuverluste idealerweise drastisch bis auf ein Minimum reduziert werden können [EISI09, S. 116f.]. Wobei Geo Social Business durch die größere Anzahl an zur Verfügung stehenden Informationen ein noch genaueres Targeting - im Gegensatz zu Social

Media Marketing - erlaubt. So können beispielsweise regionale Angebote nur an die Kunden geschickt werden, die zur Zeit auch in geografischer Nähe sind. Pull-Dienste sind hier im Vergleich zu Push-Diensten noch einmal höher einzuschätzen, da bei ihnen durch die aktive Teilnahme des Kunden Streuverluste nahezu nicht vorkommen.

4.1.2 Kundenakquise

Die in Kapitel 3.1 bereits angesprochenen Kampagnen von McDonald's und Jimmy Choo sind gute Beispiele für den Einsatz von Geo Social Business Ideen, sowohl zur Kundenbindung, als auch für die Gewinnung von Neukunden.

Im Bezug auf die Neukundengewinnung bietet das Geo Social Business einen entscheidenden Vorteil vor allem gegenüber traditionellen Werbeformen. So lässt sich der Aufwand einer Kampagne ebenso genau messen wie die durch sie gewonnen Neukunden. Hiermit kann auch der Aufwand für einen potentiellen Neukunden ermittelt werden. Weiterhin lässt sich auch feststellen, wie viele dieser Neukunden beispielsweise nur ein einmaliges Angebot nutzten und wie viele als Stammkunden gewonnen werden konnten [EISI09, S. 213f.].

Da viele Märkte aber inzwischen Penetrationsraten von um die 100% auf-weisen, wird es für Unternehmen zusehends wichtiger innovative Ideen zur Kundenakquise einzusetzen [BAUE08a, S. 206]. Mit dem Geo Social Business bietet sich nun eine solche Gelegenheit anderen Unternehmen zuvorzukommen und somit Neukunden zu gewinnen.

Großen Erfolg hierbei haben vor allem Gutscheinaktionen durch ihre hohen Rücklaufquoten von bis zu bis zu 70% [PEYM10]. Aber auch durch die personalisierte Werbung können Kunden gewonnen werden, wenn diese beispielsweise Werbung von ihnen bis dato unbekannten Unternehmen bekommen, die ihr Interessenspektrum bedienen.

4.1.3 Kundenbindung

In einem Großteil der Branchen ist jedoch die Bindung von Bestandskunden noch deutlich entscheidender wie die Neugewinnung von Kunden, da in den hauptsächlich gesättigten Märkten Neukunden meist nur akquiriert werden können, indem sie von Anbietern ähnlicher substituierbarer Produkte ab-geworben werden. Da dies im Umkehrschluss auch für die Konkurrenzunternehmen gilt, ist es von großer Bedeutung, die eigenen Kunden an sich zu binden, damit diese nicht abwandern. Zahlreiche Studien zeigen außerdem, dass der für die Gewinnung neuer Kunden zu betreibende Aufwand deutlich höher ist als der für die Bindung bereits Vorhandener [MÖHL08, S. 222].

Die personalisierte und situationsabhängige Ansprache des Kunden stärkt dessen emotionale Bindung zu einem bestimmten Unternehmen. Je stärker Unternehmen Kunden emotional an sich binden, umso höher ist bei den Kunden die Absicht dem Unternehmen treu zu bleiben und auch Fehler zu verzeihen [BAUE08c, S. 104f.]. Zudem sorgt eine starke Kundenbindung auch dafür, dass Kunden sich Anderen gegenüber positiv zu dem Unternehmen äußern und es weiterempfehlen [MÖHL08, S. 222]. Auch die aktive Einbeziehung des Kunden durch Pull-Inhalte, die einen Mehrwert bieten, fördert sowohl den Ertrag als auch die so wichtige Loyalität einem Unternehmen gegenüber [BAUE08b, S. 6]. Es muss jedoch immer darauf geachtet werden, dass dem Kunden Inhalte nicht geradezu aufgezwungen werden, da der Kunde sich sonst in seiner Privatsphäre gestört fühlen kann, was im schlimmsten Fall zur Ablehnung des Unternehmens führt [BAUE08b, S. 11].

Auch virale Effekte spielen sowohl bei der Kundenbindung als auch bei der Neukundengewinnung eine Rolle. Checken Kunden regelmäßig bei bestimmten Unternehmen ein, so sehen dies auch all deren Freunde und ohne das dies von den Freunden als Werbung wahrgenommen wird, verfestigt sich somit das Unternehmen unterbewusst in den Köpfen [POUS08, S. 290f.].

4.1.4 Nischenprodukte

Auch für Nischenprodukte bringt das Geo Social Business einen Vorteil. Während vor der massenhaften Verbreitung des Internets bei Produkten das 80/20-Pareto-Prinzip galt, bei dem 20% der Produkte - sogenannte Hits - über 80% des Umsatzes ausmachen. Bedingt war dies vor allem durch den eingeschränkten zur Verfügung stehenden Raum in Ladengeschäften [ALBY08, S. 159f.]. Durch den nahezu unbegrenzten Platz im Internet verliert dieses Prinzip aber bereits seit einigen Jahren an Bedeutung. Ersetzt wurde es durch das von Chris Anderson benannte Long Tail

Konzept. Untersucht man die Verkaufszahlen von Online Unternehmen wie Amazon, so erkennt man, dass ein hoher Anteil des Umsatzes inzwischen von Nischenprodukten erwirtschaftet wird [HETT10, S. 8f.]. Den Grund für diese Verlagerung erkennt man gut an Abbildung 6. Zwar werden durch Hits höhere Umsätze pro Hit erzielt, jedoch liegt die Zahl an unterschiedlichen Nischenprodukten deutlich über der Anzahl an Hits, wodurch der höhere Umsatz eines einzelnen Hits relativiert wird.

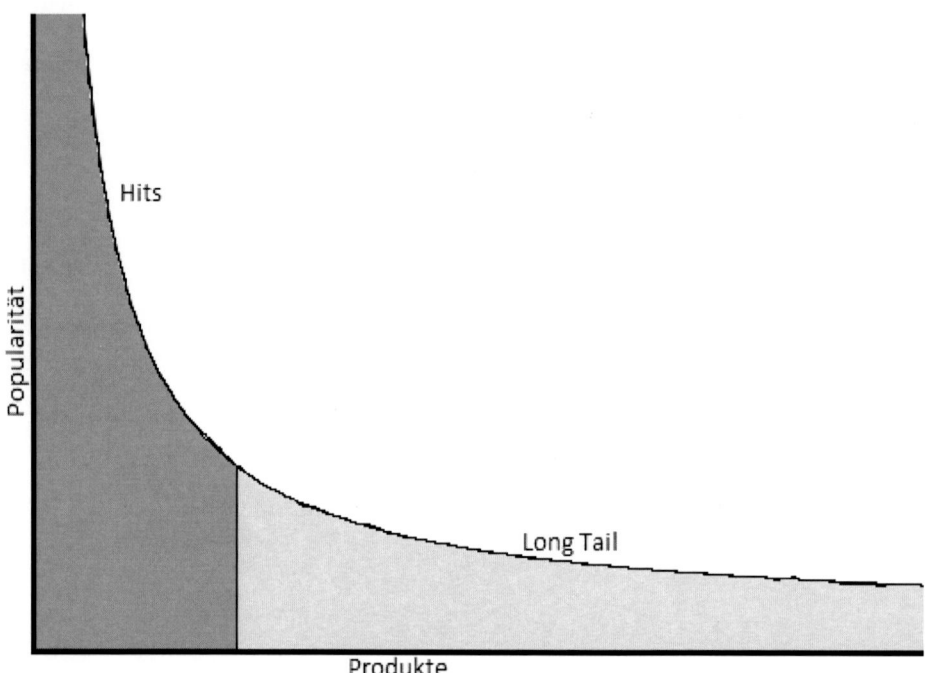

Abbildung 6: Long Tail Kurve [ALBY10, S. 160].

Der Einsatz von Geo Social Business setzt dieses Konzept in abgewandelter Form auch wieder für den lokalen Händler von Nischenprodukten ein. Die Möglichkeiten des Geo Social Business bringen Kunden, die sich für Nischenprodukte interessieren, mit den entsprechenden Unternehmen zusammen. Vor allem in Großstädten in denen für die Befriedigung vieler verschiedener Interessen gesorgt ist, sind diese daher sehr hilfreich [RUDO08, S. 274f.].

4.1.5 Regionale Unternehmen

Ähnlich wie auch schon Händler von Nischenprodukten können auch regionale Händler von der Präsens im Geo Social Business profitieren. Diesen kommen vor allem die günstigen Einstiegspreise, im Vergleich zu anderer Werbung, für Geo Social Business entgegen [ZUNK10]. Social Networks wie Facebook oder Foursquare bieten Unternehmen, gegen vergleichsweise geringe Gebühren, die Möglichkeit spezielle auf Zielgruppen abgestimmte Werbung oder Aktionen zu schalten. Den werbetreibenden Firmen kommen dabei die hohe Nutzerzahl sowie die große Anzahl an persönlichen Informationen entgegen, die ein gezieltes Bestimmen von Zielgruppen erlaubt.

Mittels einer Abrechnung pro Check In müssen Unternehmen nur die Kunden zahlen, die von der Werbebotschaft auch wirklich erreicht wurden und die daraufhin auch in dem entsprechenden Geschäft einchecken, dadurch haben kleinere Unternehmen den Vorteil, das ihr Budget sehr effektiv verwendet wird und ihnen außerdem konkrete Zahlen über den Erfolg einer solchen Kampagne vorliegen [KLEI10].

4.2 Verbrauchervorteile

Über die Integration von spezifischen Kundendaten, sowie dem aktuellen Standort der Verbraucher, ergeben sich für diese einige sehr nützliche Vorteile. Der Mehrwert für den Verbraucher beschränkt sich dabei nicht nur auf eine bessere und gezieltere Versorgung mit relevanten Informationen, sondern kann auch finanziellen oder unterhalterischen Mehrwert beinhalten [HETT10, S. 37f.].

4.2.1 Nützliche Werbung

Mit personalisierte Werbung erhalten Verbraucher nicht nur Werbung, die sie persönlich interessiert, was die Anzahl an unerwünschten Anzeigen verringert und somit Zeit beim Studieren der Anzeigen minimiert, sondern sie erhalten mittels Push-Verfahren die Werbung genau in dem Moment, in dem sie für den Verbraucher relevant wird [SPIE10]. So wird er beispielsweise während dem Stadtbesuch über Angebote in nahen Läden informiert, oder er bekommt die Informationen, dass ein Artikel für den er sich interessiert derzeit in einem naheliegenden Geschäft reduziert verkauft wird.

Auch Meinungen und Bewertungen von Freunden oder anderen Kunden sind schnell abrufbar und bewahren den Kunden so vor möglichen Fehlinvestitionen oder schlechtem Service.

4.2.2 Zeitersparnis

In unserer heutigen Gesellschaft, in der die Zeit eines der wichtigsten Güter ist, werden immer neue Möglichkeiten gesucht, Zeit effektiver zu nutzen und einzusparen. Hierbei hilft das Geo Social Business dem Kunden enorm. Er muss nicht mehr aus einer Vielzahl von unterschiedlichen Werbeangeboten diejenigen aussuchen, die für ihn von Relevanz sind. Denn er bekommt Angebote nahezu ausschließlich nur noch von Produkten, die für ihn relevant sein könnten, sodass die Auswahl in einem viel geringerem Rahmen und somit schneller erfolgen kann. Ermöglicht wird dies durch die über Social Media dem werbetreibenden Unternehmen zur Verfügung gestellten Informationen über Interessen [SPIE10].

Hinzu kommt noch der Vorteil, dass die Werbung an den Orten verfügbar ist, an dem sie gebraucht wird. Der Kunde wird somit nicht gezwungen, schon zuhause mit der Selektion der Angebote zu beginnen und sich diese dann zu merken, sondern er kann sich direkt beim Einkaufen oder in der Bahn damit befassen und so erneut Zeit einsparen.

4.2.3 Unterhaltung

Auch in Sachen Unterhaltung hat Geo Social Business einiges zu bieten, da es Unternehmen häufig sehr einfach gemacht wird, Aktionen in Form von Wettbewerben oder Herausforderungen zu erstellen. Für Kunden ist dies die ideale Gelegenheit das Angenehme mit dem Nützlichen zu verbinden. Zusätzlich wird die Motivation des Kunden etwas zu kaufen gesteigert und auch das Glücksgefühl, das durch den Kauf entsteht ist für den Kunden höher [PICO01, S. 487f.].

4.2.4 Rabatte

Die in 4.2.1 und 4.2.2 angesprochenen Vorteile bieten keinen direkten finanziellen Mehrwert für den Kunden. Anders verhält es sich mit Gutscheinaktionen welche Unternehmen für ihre Kunden mittels Geo Social Business starten können. Hier kann der Kunde direkt Geld sparen. Außerdem wird wie schon in 4.2.3 beschrieben auch hier die Motivation gesteigert und ebenfalls das Glücksgefühl erhöht [PICO01, S. 487f.]. Ebenso wird Unternehmen die Möglichkeit gegeben Stammkunden gezielt zu identifizieren und diesen dann spezielle Vergünstigungen oder Informationen zukommen zu lassen, um sie noch stärker an sich zu binden.

5 Probleme des Geo Social Business

Bei nahezu allen neuen Entwicklungen oder Technologien gibt es allerdings auch eine Kehrseite der Medaille. Hierbei ist auch das Geo Social Business keine Ausnahme. Einige dieser Nachteile werden im kommenden Abschnitt näher erläutert.

5.1 Kundenakzeptanz

Viele Anwender von mobilen Internetdiensten haben noch Hemmungen vor der Nutzung ihnen unbekannter Dienste wie es Geo Social Business Lösungen darstellen. Sie nutzen mobiles Internet lediglich für Dienste, die sie bereits aus dem stationären Internet kennen und mit denen sie deswegen auch vertraut sind. Einige innovative Dienste aus dem Bereich des mobile Business mussten aus diesem Grund ihren Betrieb wieder einstellen, da die Nutzer ausblieben [SCHÄ08, S. 21]. Bei Geo Social Business muss darauf geachtet werden, die Hemmschwellen für Nutzer abzubauen und ihnen außerdem einen erheblichen Mehrwert zu bieten, um solche Dienste auch für die Masse zu etablieren.

5.2 Datenschutz

Bei jeglicher Nutzung von moderner Elektronik entstehen entsprechende Daten über die jeweilige Nutzung. Das ist soweit nichts Neues und auch nichts Dramatisches. Mit einer immer stärkeren Vernetzung einzelner Geräte, sowie über die Verlagerung vieler Tätigkeiten in den Bereich der elektronischen Datenverarbeitung wird es aber immer leichter möglich, Daten zum Beispiel von bestimmten Personen zusammen zu führen. Zusätzlich begünstigt die immer billiger werdende Speicherung von Daten, dass es meistens billiger ist alles zu speichern, anstatt erst zu selektieren und danach zu speichern [KÖHL10, S. 92f.].

Das alles ist in erster Linie auch nicht weiter problematisch, solange diese Daten nur für ihren eigentlichen Zweck verwendet werden und nicht an Dritte weiter-gegeben werden. Zwar ist es für den Bereich des Geo Social Business unerlässlich, auf die gesammelten Nutzerprofile zu zugreifen und diese dann ziel-gruppengerecht anzusteuern. Der Nutzer an sich verliert jedoch jegliche Kontrolle über seine eigenen personenbezogenen Daten. Unterstützt wird dieser Kontrollverlust zusätzlich durch die Geschäftsphilosophien vieler Web 2.0 Dienstleister. Denn bei vielen dieser Dienste, vor allem aus den Vereinigten Staaten, werden die Nutzer nicht als eigentliche Kunden betrachtet, sondern als Informationslieferanten. Die in diesen Diensten preisgegebenen Daten gehören nach deren Auffassung nicht mehr der sie betreffenden Person, sondern dem Unternehmen, das diese dann an andere Unternehmen oder auch Behörden weiter verkauft. Vor zwei Jahren erschien beispielsweise die Preisliste von Yahoo für Nutzerdaten für Behörden in den Vereinigten Staaten [KÖHL10, S. 93f.].

Mit Einführung des Internet ist es zudem inzwischen nahezu unmöglich geworden, einmal in den Umlauf gebrachte Daten wieder vollständig zu entfernen. Denn selbst wenn man die ursprünglichen Daten wieder entfernt, können sie schon beliebig vervielfältigt worden sein. Bestes Beispiel hierfür ist National Bibliothek der Vereinigten Staaten (Libaray of Congress). Wie auch Nationalbibliotheken anderer Länder archiviert sie alle in dem entsprechenden Land erschienenen Bücher. Darüber geht die Libaray of Congress auch immer mehr dazu über, auch digitale Inhalte zu archivieren, sodass inzwischen zum Beispiel auch sämtliche jemals auf Twitter geposteten Beiträge gespeichert und archiviert werden [KÖHL10, S. 96f.].

5.2.1 Persönlichkeitsprofile

Eines der größten Probleme von Social Networks ist gleichzeitig auch einer der größten Vorteile. Sie speichern nahezu alle Informationen über ihre Nutzer und werden somit zu einem riesigen Datawarehouse. Da die technischen Neuerung-en auf dem Gebiet des Web 2.0 im Gegensatz zu der dafür relevanten Gesetzgebung rasant voranschreiten, entstehen immer wieder Grauzonen in denen agiert werden kann. Zwar ist für die regelmäßige Ortung und das Erstellen von Bewegungsprofilen immer eine explizite Einwilligung des Kunden von Nöten, an wen aber zum Beispiel das Geo Social Network diese Daten weitergibt, ist je-doch damit nicht geklärt [SPIE10].

Ebenso dürfen persönliche Informationen nur mit ausdrücklicher Genehmigung gesammelt oder auch anderweitig genutzt werden [BUSE08].

Viele Daten werden aus diesen Gründen nur in anonymisierter Form gespeichert oder weitergegeben. Doch sind anonymisierte Daten heutzutage nicht mehr zwingend anonym. Mittels gezielter Suchen oder auch spezifischer Informationen innerhalb der anonymisierten Daten ist es, mit Hilfe der ständig wachsende Fülle an Informationen, immer häufiger möglich von anonymisierten Daten auf bestimmte Personen zu schließen und somit personenspezifische Profile zu erstellen [KÖHL10, S. 105f.].

5.2.2 Stalking

Stalking bekommt durch die Verwendung von Geo Social Networks eine neue Bedeutung. So können klassisches Stalking und Cyberstalking von Tätern kombiniert werden. Während Stalking an sich das Bewusste und sich wieder-holende Verfolgen, Auflauern oder Belästigen einer bestimmten Person bezeichnet [WIKI11], erfolgt beim Cyberstalking oder auch Cybermobbing - eine klare Abgrenzung ist im Umfeld des Internets nur schwer auszumachen - die Belästigung online. Im Bereich des Cyberstalkings spielt außerdem auch noch die Diskreditierung der Opfer eine Rolle [KÖHL10, S. 113f.]. Durch die Verknüpfung der realen Welt mit dem Internet mittels Geo Social Networks, ergeben sich für Täter immer größere Angriffsflächen ihrer Opfer und eine Kombination von realer und virtueller Belästigung. So wird es dem Täter unter Umständen erheblich leichter gemacht sein Opfer aufzuspüren, wenn das Opfer beispielsweise besonders häufig an bestimmten Orten eincheckt.

5.3 Geo Spam

Angefangen bei den Wurfsendungen verschiedener Unternehmen in den Briefkästen, über auf Straßen und bei Veranstaltungen verteilte Flyer, bis hin zu mehr oder weniger seriösen Email Spams, hat unerwünschte Werbung eine Gemeinsamkeit. In den meisten Fällen liefert sie dem Empfänger keine relevanten Informationen und wird als störend empfunden [BUSE08, S. 450]. Bei elektronischem Spam ist durch die geringen Kosten und die problemlose massenhafte Verbreitung, die Seriosität und das Angebot an relevanten Informationen nur sehr gering.

Geo Social Business bietet zwar die Chance Nutzern nur für sie relevante Informationen zur Verfügung zu stellen, im Bereich der Push-Dienste bietet sich aber auch die Möglichkeit Nutzer mit Werbeangeboten zu überhäufen. Hier können dann gefälschte Inhalte genutzt werden, um Spam zu verbreiten, der nicht wie eigentlich gewollt auf regionale Angebote hinweist, sondern identische Inhalte wie bei Email Spam enthält.

Die Überflutung mit Inhalten, egal ob sie Mehrwerte für den Verbraucher kreieren oder als Spam bezeichnet werden können, kann außerdem, wie schon bei online Werbebannern, zu einer Banner-Blindheit beziehungsweise nun zu einer Anzeigenblindheit führen, sodass Verbraucher die Nachrichten auf ihrem Smartphone komplett ignorieren und zum Teil gar nicht mehr wahrnehmen [HETT10, S. 31f.].

5.4 Zielgruppe

Eine noch so gute Technologie oder Idee ist wirkungslos, wenn sie gar nicht oder von nur sehr wenigen Personen genutzt wird. Abbildung 7 zeigt die Nutzung verschiedener Medienangebote im Jahr 2010 an. Dieses Problem stellt sich derzeit auch noch im Bereich des Geo Social Business, da aktuellen Zahlen zufolge gerade einmal ca. sechs Millionen Menschen das mobile Internet nutzen. Von diesen sechs Millionen Usern nutzen nur ungefähr ein Viertel auch gleich-zeitig ein Profil in einem Sozialen Netzwerk. Lediglich ca. eine Million nutzt das mobile Internet um darüber auf das genutzte Social Network zuzugreifen. Für erfolgreiches Geo Social Business ist zumindest ein Social Network Profil sowie mobiles Internet ein wichtiges Erfolgskriterium.

Dem gegenüber stehen andere schon weit verbreitete Medien. So haben ca. 54 Millionen eine Tageszeitung abonniert, das entspricht ca. 75% der deutschen Bevölkerung über 14 Jahren. Man erreicht also eine erheblich höhere Anzahl an Konsumenten im Gegensatz zu Geo Social Business. Unter Verwendung von regionale Zeitungsbeigaben kann diese Werbung auch wohnortspezifisch selektiert werden. Aber auch über das stationäre Internet erreicht man eine deutlich größere Zielgruppe. Mit ca. 41 Millionen regelmäßigen Nutzern werden erheblich mehr Konsumenten als bei Geo Social Business erreicht. Werbung kann außerdem noch genauer als bei Zeitungen auf den Nutzer zugeschnitten werden.

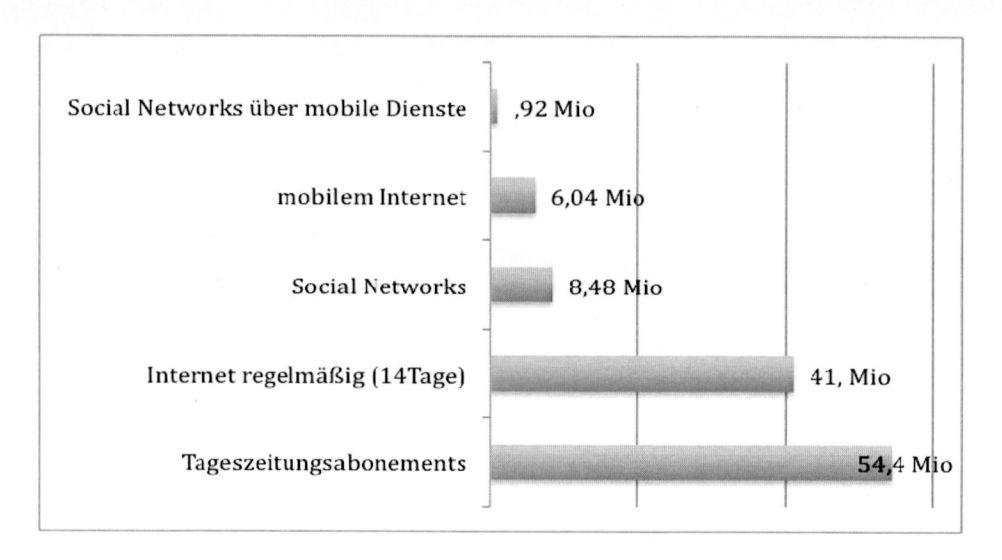

Social Networks über mobile Dienste	,92 Mio
mobilem Internet	6,04 Mio
Social Networks	8,48 Mio
Internet regelmäßig (14Tage)	41, Mio
Tageszeitungsabonements	54,4 Mio

Abbildung 7: Zielgruppen [AXEL10].

6 Die Zukunft mit Geo Social Business

Auch im Bereich neuer noch im Anfangsstadium ihrer Entwicklung stehender Technologien bieten sich große Möglichkeiten für Verknüpfungen oder aber gänzlich neue Ideen für Geo Social Business. Einige in der Entwicklung befindlichen Technologien, sowie eine mögliche Anwendung werden im Folgenden erläutert.

6.1 Channel-Hopping

Vor allem für größere Unternehmen bietet sich durch die Integration verschiedener Absatzwege untereinander, Möglichkeiten dem Kunden ein komfortableres Einkaufen zu ermöglichen und ihn somit besser an sich zu binden. Ein denkbares Szenario hierfür wäre Folgendes:

Ein Kunde sucht an seinem stationären Computer bei sich zuhause morgens nach bestimmten Produkten. Leider schafft er es nicht mehr seinen Bestell-vorgang zu vervollständigen, daher setzt er seinen Einkauf später in der Bahn auf dem Weg zur Arbeit fort und bestellt die Produkte zu sich nach Hause. Da er mittags selbst in der Stadt ist, informiert das Unternehmen den Kunden über sein Smartphone, dass er seine Bestellung vom Morgen auch direkt in einer Filiale, nur wenige Meter von seinem derzeitigen Standort entfernt, abholen könnte [MÜLL10]. Da derzeit eine Aktion läuft und jeder Kunde, der sich in besagter Filiale eincheckt, auch noch einen Rabatt bekommt, wird der Kunde zusätzlich auch noch hierüber informiert.

Für das Unternehmen entfallen somit vergleichsweise teure Transport- und Prozesskosten und auch der Kunde spart für ihn wichtige Zeit und Geld.

6.2 GALILEO

Im Vergleich zu dem in mobilen Endgeräten bisher verbauten GPS-Modulen zur Standtortbestimmung bietet das von der EU geplante Projekt GALILEO einige wichtige Vorteile. GALILEO wird das erste Satellitenortungs- und Navigationssystem, das nicht in erster Linie für militärische Zwecke geplant und gebaut worden ist, sondern für den zivilen Gebrauch konzipiert wurde. Weiterhin wird GALILEO über 30 anstatt wie GPS nur über 24 Satelliten verfügen. Diese 30 Satelliten werden zudem in einer günstigeren geographischen Konstellation an-geordnet, woraus sich eine noch höhere Genauigkeit wie bei GPS ergibt. Möglich wird dies, da bei GALILEO keine militärischen Kriterien erfüllt werden müssen. Hinzu kommt, dass GALILEO auf mehr Frequenzen mit mehr Informationskanälen sendet wie GPS, wodurch atmosphärische Störungen besser vermieden oder reduziert werden können. Zusätzlich ist GALILEO vollständig mit GPS kompatibel, wodurch Nutzer von beiden Technologien profitieren. Somit ist eine noch genauere Positionsbestimmung mit einer höheren Verfügbarkeit möglich, selbst innerhalb von Gebäuden [MANS10, S. 241f.].

Die Verfügbarkeit und die Genauigkeit von Standortdaten erhöht sich drastisch mit dem Start von GALILEO, der für die nächsten Jahre geplant ist. Somit werden technische Probleme der Standortbestimmung, wie sie beispielsweise in geschlosse-nen Räumen bisher auftreten, der Vergangenheit angehören. Es wird dadurch auch möglich in großen Einkaufszentren den Standort der Kun-den genau zu ermitteln und ihnen dann gezielte Informationen zukommen zu lassen, wenn sie beispielsweise ein bestimmtes Geschäft innerhalb des Zentrums betreten.

6.3 Augmented Reality

Eine dieser Technologien ist die Augmented Reality. Übersetzt bedeutet sie so viel wie erweiterte Realität, gemeint ist damit eine Verschmelzung zwischen Realität und virtuellen Inhalten. Derzeit benötigt man hierfür lediglich ein Smartphone mit Kamera, um an Zusatzinformationen von bestimmten Objekten zu gelangen. Abbildung 8 zeigt dabei einen Screenshot der Augmented Reality Anwendung junaio mit zusätzlichen Informationen über den Königsbau, so wie die Position einer unterirdischen U-Bahn Haltestelle in Stuttgart. Jedoch hält sich insgesamt der Funktionsumfang sowie der bisherige Einsatz dieser Technologie noch sehr in Grenzen [CAMP10].

Abbildung 8: AR-Umsetzung in Stuttgart.

Die unterschiedlichsten Einsatzmöglichkeiten sind somit in Zukunft denkbar. Von virtuellen Reklametafeln die vor Geschäften aufgestellt werden können, über die virtuelle Anprobe von Kleidung, auch wenn diese zur Zeit nicht auf Lager ist, bis hin zu einer virtuellen Schnitzeljagd ist für Unternehmen nahezu alles möglich. Auch Stadtführer können mittels Augmented Reality profitieren, da der Benutzer lediglich die Kamera seines Smartphones auf ein Gebäude oder ein Denkmal richten muss und automatisch nähere Informationen angezeigt bekommt.

6.4 Internet der Dinge

Das Internet der Dinge oder auch Internet of Things wird von vielen als nächste Stufe des Internets betrachtet und auch wenn es in den meisten Fällen noch nicht viel mehr als eine Idee ist, so bietet es dennoch schon einige damit mögliche Anwendungsbeispiele für das Geo Social Business. Der Grundgedanke hinter dem Internet der Dinge ist die Vernetzung sämtlicher Gegenstände sowie die Fähigkeit zur Kommunikation untereinander. Bisher wird diese Technologie vor allem in großen Firmen, insbesondere der Logistik angewandt, um beispielsweise Transportketten zu überwachen oder aber zu optimieren [BMBF 11]. Aber auch Verbraucher können von dieser Technologie profitieren, so könnte zum Beispiel der Kühlschrank seinen

Besitzer während des Einkaufes in einem Lebensmittelladen darauf hinweisen, dass bestimmte Produkte nachgekauft werden müssen.

6.5 Semantic Web

Semantic Web, das neben der bloßen Information auch noch die Bedeutung dieser Information speichert, damit Verwechslungen bei mehrdeutigen Wörtern vermieden werden, wird als nächste große Neuerung im Bereich des Internet angesehen. Aus diesem Grund wird es häufig auch als Web 3.0 bezeichnet. Apple beispielsweise ist nicht nur das englische Wort für Apfel sondern gleichzeitig auch eines der größten Unternehmen weltweit. Im Semantic Web werden solche Unterschiede erkannt. Auch eine fragende Suchestellung, z.B. die Anzahl der Bundeskanzler die länger als vier Jahre im Amt waren, wird mit Hilfe der gespeicherten Bedeutungen und Beziehungen zwischen Informationen möglich. [BACK09, S. 270f.]. Der Einsatz von Semantic Web kann somit im Geo Social Business helfen noch zielgenauere Adressierungen von Kunden zu ermöglichen.

7 Management Summary

Unternehmen sehen sich bereits seit einigen Jahren starken Veränderungen ausgesetzt. Die zunehmende Sättigung der Märkte sorgt dafür, dass Unter-nehmen sich aktiver um ihre Kunden bemühen müssen als dies bisher der Fall war. Zudem steht den Kunden mit dem Web 2.0 ein mächtiges Instrument zur Meinungsäußerung zur Verfügung, sodass positive und negative Kritik an Unter-nehmen schnell verbreitet werden können. Für Unternehmen bietet sich die Chance mit den Kunden in Dialog zu treten und so ein positives Image des Unternehmens zu stärken.

Geo Social Business bietet Unternehmen eine Möglichkeit direkt einzelne Kun-den zu erreichen und diesen somit das Gefühl zu vermitteln, sie seien etwas Besonderes. Dabei wird ein einzelner Kunde nur mit für ihn relevanten Informationen versorgt. Unternehmen setzen Targeting ein, um diese Informationen mit Hilfe von verschiedenen kundenspezifischen Daten auszuwählen.

Unternehmen setzten somit ihr zur Verfügung stehendes Budget effektiver ein, da nur genau die Kunden erreicht werden, die erreicht werden sollen. Streuverluste werden somit vermieden. Die Bindung des Kunden zu einem Unter-nehmen wird gestärkt und es wird für die Konkurrenz aufwendiger, Kunden abzuwerben. Gleichzeitig wird das Unternehmen auch in den Köpfen anderer Kunden präsenter, sodass diese leichter zu einem Wechsel des Unternehmens gebracht werden können.

Für Kunden bietet Geo Social Business hauptsächlich Vorteile finanzieller und bequemer Natur. So können Kunden durch Gutscheine und Rabatte effektiv sparen. Die Versorgung mit ausschließlich erwünschten Informationen sorgt für eine Zeitersparnis, da der Kunde nicht mehr eine Fülle von Informationen er-hält, die er erst sondieren muss. Zudem kann auch noch ein unterhalterischer Mehrwert für den Kunden entstehen, wenn Unternehmen Wettbewerbe oder spielerische Elemente verwenden.

Probleme im Bezug auf Geo Social Business ergeben sich vor allem für Kunden. Für diese befinden sich die Gefahren vor allem im Datenschutz. Um die Vorteile von Geo Social Business in vollem Umfang nutzen zu können, muss der Nutzer ausführ-liche Informationen, z.B. Interessen, Gewohnheiten und persönliche Daten, von sich preisgeben. Auch Auskünfte über Aufenthaltsorte oder ganze Bewegungsprofile des Nutzers werden gespeichert. Diese Informationen werden zwar anonym, ohne direkten Personenbezug, verwertet und gespeichert, jedoch ist es durch die Fülle an Informationen nur noch bedingt möglich Daten vollständig anonym zu halten. Es sollte keinesfalls jedem Unternehmen, das solche Daten sammelt, eine böswillige Absicht unterstellt werden. Sollten diese gespeicherten Daten jedoch einmal in falsche Hände fallen, können sie einen erheblichen Schaden anrichten. Unter anderem als Konsequenz aus der Datenschutzproblematik für Nutzer ergibt sich allerdings auch ein für Unternehmen nicht zu unterschätzendes Risiko. Für Unternehmen ist Geo Social Business nur sinnvoll, wenn es Kunden gibt, die diese Technologie auch nutzen. Noch ist die Zielgruppe derer, die sowohl mobile Dienste als auch Geo Social Networks nutzen mit gerade einmal zwei Millionen Deutschen sehr gering.

Trotz der zur Zeit noch sehr geringen Anzahl an möglichen Empfängern für Geo Social Business ist davon auszugehen, dass dieser Bereich des Mobile Business in den nächsten Jahren stark an Bedeutung gewinnen wird. Immer mehr Unter-nehmen werden diese Art des Kundenkontakts für sich nutzen, um einen Wettbewerbsvorteil gegenüber ihrer Konkurrenz zu erhalten. Eine komplette Umstellung von Unternehmen alleine auf Geo Social Business ist jedoch nicht zu erwarten. Vielmehr wird es wohl von den Unternehmen in das häufig schon bestehende Multi-Channel Konzept integriert.

Datenschutz wird weiterhin ein wichtiges Thema bleiben, das mit größter Sorgfalt behandelt werden sollte. Bereits heute geben über eine halbe Milliarde Menschen ihre Daten freiwillig in sozialen Netzwerken an, sodass es grundsätzlich nicht an potenziellen Kunden für Geo Social Business mangelt. Die Unternehmen sind gefordert, alles ihnen mögliche zu tun, um einen Missbrauch der Daten zu verhindern.

Lokalisierungsungenauigkeiten welche momentan unter Verwendung von GPS noch auftreten, sollten spätestens mit dem Start des Systems GALILEO nicht mehr auftreten und somit auch eine Ortung in Gebäuden oder Gassen ermöglichen.

Zukünftig ist damit zu rechnen, dass Neuerungen wie Augmented Reality, eine Verknüpfung von Gegenständen im Internet der Dinge oder auch das Semantic Web in das Geo Social Business integriert werden. Den Kunden kann somit mehr geboten werden und den Unternehmen steht eine noch größere Vielfalt an Möglichkeiten zur Verfügung.

Quellenverzeichnis

[ACCE10]   accenture (Hrsg.): „Mobile Web Watch"-Studie 2010. Durchbruch auf Raten – mobiles Internet im deutschsprachigen Raum. Accenture, 2010.

[ALBY08]   Alby, T.: Web 2.0. Konzepte, Anwendungen, Technologien. 3. Auflage, Carl Hanser Verlag, München 2008.

[AXEL10]   Axel Springer AG (Hrsg.): VerbraucherAnalyse 2010 Klassik II Märkte - Zielgruppen-Potenzial. In: http://online.mds-mediaplanung.de/vakm/b7036c9052dbf5a577a512df357ce0dc/client#start, Informationsabfrage vom 05.01.2011.

[BACK09]   Back, A.; Gronau, N.; Tochtermann, K. (Hrsg.): Web 2.0 in der Unternehmenspraxis. Grundlagen, Fallstudien und Trends zum Einsatz von Social Software. 2. Auflage, Oldenburg, München 2009.

[BAUE08a] Bauer, H.; Haber, T.; Reichardt, T.; Bökamp, M.: Konsumentenakzeptanz von Location Based Services. In: Bauer, H. (Hrsg.); Dirks, T. (Hrsg.); Bryant, M. (Hrsg.) : Erfolgsfaktoren des Mobile Marketing. Springer, Berlin 2008, S. 205-220.

[BAUE08b] Bauer, H.; Dirks, T.; Bryant, M.: Die Zukunft des Mobile Marketing. Ein Leitfaden für eine erfolgreiche Umsetzung. In: Bauer, H. (Hrsg.); Dirks, T. (Hrsg.); Bryant, M. (Hrsg.) : Erfolgsfaktoren des Mobile Marketing. Springer, Berlin 2008, S. 3-15.

[BAUE08c] Bauer, H.; Heinrich, D.; Mühl, J.: Emotionale Kundenbindung im Mobilfunkmarkt. In: Bauer, H. (Hrsg.); Dirks, T. (Hrsg.); Bryant, M. (Hrsg.): Erfolgsfaktoren des Mobile Marketing. Springer, Berlin 2008, S. 91-108.

[BERG02]   Berger, S.; Lehner, F.: Mobile B2B-Anwendungen. In: Hampe, F.; Schwabe, G. (Hrsg.):Mobile and Collaborative Business 2002. Proceedings zur Teilkonferenz der Multikonferenz Wirtschaftsinformatik 2002, 10. September 2002, Nürnberg. Gesellschaft für Informatik, Bonn 2002 , S. 85-94.

[BMBF11]   Bundesministerium für Bildung und Forschung (Hrsg.): Internet der Dinge. In: http://www.internet-der-dinge.de/index.html, Informationsabfrage vom 15.01.11.

[BOYD07]   Boyd, D.; Ellison, N.: Social network sites. Definition, history, and scholarship. In: Journal of Computer-Mediated Communication 13 (2007) 11, http://jcmc.indiana.edu/vol13/issue1/boyd.ellison.html.

[BUSE02]   Buse, S.: Der mobile Erfolg. Ergebnisse einer empirischen Untersuchung in ausgewählten Branchen. In: Keuper, F. (Hrsg.): Electronic-Business und Mobile- Business. Ansätze, Konzepte und Geschäftsmodelle. Gabler, Wiesbaden 2002, S. 91-116.

[BUSE08]   Buse, S.: Perspektiven des Mobile Commerce in Deutschland. Grundlagen, Strategien, Kundenakzeptanz, Erfolgsfaktoren. Shaker Verlag, Aachen 2008.

[CAMP10]   Campillo-Lundbeck, S.: Die digitale Vermessung der Welt. Mobile-Web-basiertes Marketing könnte durch Augmented Reality zum Alltagsbegleiter der Konsumenten werden. In: Horrizont (2010) 11, S. 19.

[CHOO10]   Jimmy Choo (Hrsg.): ANNOUNCING THE JIMMY CHOO TRAINER HUNT. In: http://www.facebook.com/notes/jimmy-choo/announ cing-the-jimmy-choo-trainer-hunt/388778516181, Informationsabfrage vom 14.12.2011.

[DENE10]   Deneke, T.: Individuell und emotional. So wird mobile Werbung erfolgreich. In acquisa direkt marketing 55 (2010) 4, S. 30-32.

[DENK10]   denkwerk GmbH, phaydon, Interrogare GmbH(Hrsg.): Mobile Commerce Insights 2010. Status Quo, Trends und Erfolgsfaktoren für den mobilen Handel. Denkwerk GmbH, Köln 2010.

[DONA07]   Donath, J.: Signals in social supernets. In: Journal of Computer-Mediated Communication 13 (2007) 12, http://jcmc.indiana.edu/vol13/issue1/donath.html.

[EISI09]   Eisinger, T.; Rabe, L.; Thomas, W. (Hrsg.): Performance Marketing. Erfolgsbasiertes Online-Marketing. Mehr Umsatz im Internet mit Suchmaschinen, Bannern, E-Mails & Co. 3. Auflage, Business Village, Göttingen 2009.

[FACE10]   Facebook (Hrgs.): Statistics. In: http://www.facebook.com/press/info.php?statistics, Informationsabfrage vom 15.12.2010.

[FACE11]   Facebook (Hrsg.): Webseite. In: http://facebook.com/, Informationsabfrage vom 07.01.2011.

[FAZN11]   Faz.net (Hrsg.): Facebook mit 50 Milliarden Dollar bewertet. In: http://www.faz.net/-01mnum, Informationsabfrage vom 15.01. 2011.

[FINA11a]   Finanzen.net (Hrsg.): Börsenkurs Google. In: http://www.finanzen.net/aktien/Google-Aktie, Informationsabfrage vom 15.01.2011.

[FINA11b]   Finanzen.net (Hrsg.): Börsenkurs Google. In: http://www.finanzen.net/aktien/Amazon-Aktie, Informationsabfrage vom 15.01.2011.

[FOUR10]   Foursquare (Hrsg.): Webseite. In: http://foursquare.com/, Informationsabfrage vom 16.12.2010.

[GOOG10a]   Google Abfrage nach Web 2.0. Abrufdatum: 08.12.2010.

[GOOG10b]   Google (Hrsg.): Zeitgeist. In: http://www.google.com/intl/en/press/zeitgeist2010/regions/de.html, Informationsabfrage vom 10.12.2010.

[HARRI10]   Harris Interactive (Hrsg.): Digital Influence Index 2010. Understanding the role of the Internet in lives of consumers. In: http:// digitalinfluence.fleishmanhillard.de/pictures_study/Digital_Influence_Index_whitepaper.pdf, Informationsabfrage vom 10.12.2010.

[HÄUS07]   Häusler, S.: Soziale Netzwerke im Internet. Entwicklung Formen und Potentiale zu kommerzieller Nutzung. VDM Verlag Dr. Müller, Saarbrücken 2007.

[HETT10]   Hettler, U.: Social Media Marketing. Marketing mit Blogs, Sozialen Netzwerken und weiteren Anwendungen des Web 2.0. Oldenbourg Wissenschaftsverlag, München 2010.

[JAND08]   Jandt, S.: Vertrauen im Mobile Commerce. Vorschläge für die rechtsverträgliche Gestaltung von Location Based Services. Nomos-Verlag, Baden-Baden 2008.

[KEAN10]   Keane, M.: Case Study. McDonald's ups foot traffic 33% on Foursquare Day. In: http://econsultancy.com/us/blog/6582-case-study-mcdonald-s-and-foursquare, Informationsabfrage vom 05. 01.2011.

[KIZI09]   Kizilok, T.: Konsumentenverhalten gegenüber Mobile Marketing. Akzeptanz und Reaktanz. Diplomica Verlag, Hamburg 2009.

[KLEI10]   Klein, V.: Gastartikel Facebook Places: Revolution im Marketing? In: http://blog.marketingshop.de/gastartikel-facebook-places-re volution-im-marketing/, Erstellungsdatum vom 02.11.2010.

[KÖHL10]   Köhler, T.: Die Internetfalle. Was wir online unbewusst über uns preisgeben und wie wir das World Wide Web sicher für uns nutzen können. Frankfurter Allgemeine Buch, Frankfurt am Main 2010.

[KOLB10]   Kolbrück, O.: Web-Werbung wird lokal. Mobile Ortungsdienste wie Foursquare versprechen Werbung und Medieninhalte pass-genau zum Standort des Nutzers. In: Horizont (2010) 16, S. 4-5.

[KOTL95]   Kotler, P.; Bliemel, F.: Marketing-Management. Analyse, Planung, Umsetzung und Steuerung. 8. Auflage, Schaeffer-Poeschel Verlag, Stuttgart 1995.

[LANG10]   Langer, U.: Frappuccino für den Bürgermeister. In: W&V Media (2010) 7, S. 28-30.

[LEHN02]   Lehner, F.: Einführung und Motivation. In: Teichmann, R.; Lehner, F.: Mobile Commerce. Strategien, Geschäftsmodelle, Fallstudien. Springer, Berlin 2002.

[MANS10]   Mansfeld, W.: Satellitenortung und Navigation. Grundlagen, Wirkungsweise und Anwendung globaler Satellitennavigationssysteme. 3. Auflage, Vieweg+Teubner, Wiesbaden 2010.

[MCDO10]   McDonalds (Hrsg.): Tweet. In: http://twitter.com/mcdonalds, Erstellungsdatum vom 16.02.2010.

[MÖHL08]   Möhlenbruch, D.; Dölling, S.; Ritschel, R.: Web 2.0-Anwendungen im Kundenbindungsmanagement des M-Commerce. In: Bauer, H. (Hrsg.); Dirks, T. (Hrsg.); Bryant, M. (Hrsg.) : Erfolgsfaktoren des Mobile Marketing. Springer, Berlin 2008, S. 221-240.

[MÜLL10]   Müller, A.: Online anfüttern - offline dinieren. In: accquisa 55 (2010) 12, S. 26-28.

[OREI05]	O'Reilly: What Is Web 2.0. Design Patterns and Business Models for the Next Generation of Software. In: http://oreilly.com/web2/ archive/what-is-web-20.html, Erstellungsdatum vom 30.09.2005.
[PEYM10]	Peymani, B.: Startschuss gefallen. In: acquisa 55 (2010) 7, S. 16-21.
[PICO01]	Picot, A.; Reichwald, R; Wigand, R.: Die grenzenlose Unternehmung. Information, Organisation und Management. 4. Auflage, Gabler, Wiesbaden 2001.
[POUS08]	Pousttchi, K.; Turowski, K.; Wiedemann, D.: Mobile Viral Marketing. Ein State of the Art. In: Bauer, H. (Hrsg.); Dirks, T. (Hrsg.); Bryant, M. (Hrsg.) : Erfolgsfaktoren des Mobile Marketing. Springer, Berlin 2008, S. 289-304.
[RIOM10]	Rio Media (Hrsg.): Business-Motor mobiles Internet. Wie das mobile Internet unser Leben verändert und bereichert. Rio Media GmbH, Hamburg 2010.
[RUDO08]	Rudolph, T.; Emrich, O.: Kundeninteraktion über mobile Services im Handel. In: Bauer, H. (Hrsg.); Dirks, T. (Hrsg.); Bryant, M. (Hrsg.) : Erfolgsfaktoren des Mobile Marketing. Springer, Berlin 2008, S. 261-278.
[SCHÄ08]	Schäfer, J.; Toma, D.: Trends und Strategien im Mobilen Marketing. In: Bauer, H. (Hrsg.); Dirks, T. (Hrsg.); Bryant, M. (Hrsg.) : Erfolgsfaktoren des Mobile Marketing. Springer, Berlin 2008, S. 17-31.
[SOLI10]	Solis, B.; Thomas, J.: Conversation Prism. In: http://www.theconversationprism.com/, Informationsabfrage vom 10.12.2010.
[SPIE10]	Spier, S.: Wie persönlich ist persönlich? In: acquisa 55 (2010) 5, S. 70-72.
[THOM02]	Thome, R.: e-Business. In: Informatik Spektrum 25 (2002) 2, S. 151-153.
[THOM06]	Thome, R.: Grundzüge der Wirtschaftsinformatik. Integration der Informationsverarbeitung in der Organisation von Unternehmen. Pearson Studium, München 2006.
[WIKI10]	Wikipedia (Hrsg.): Geotagging. In: http://en.wikipedia.org/wiki/ Geotagging, Informationsabfrage vom 27.12.2010.

[WIKI11]   Wikipedia (Hrsg.): Stalking. In: http://de.wikipedia.org/wiki/ Stalking, Informationsabfrage vom 10.01.2011.

[WONH10]   Wonham, L.: Amazon's Mobile Commerce Sales Top $1 Billion. In: http://www.websitemagazine.com/content/blogs/posts/archive/2010/07/23/amazon-s-mobile-commerce-sales-top-1-billion. aspx, Erstelldatum vom 23.07.2010.

[ZUNK10]   Zunke, K.: Lokales im Aufwind. In: accquisa 55 (2010) 7, S. 46-49.